Widdershins

Betty McKellar

Edited by Ian Hunter

Illustrated by Gerald Gaubert

LUDOVIC

First published in 2002 by Ludovic in conjunction with Ochil Publishing Limited,
a subsidiary of Clackmannanshire Community Enterprises Limited

Poems copyright Betty McKellar 2002

Illustrations copyright Gerald Gaubert 2002

The Clovenstone Makar copyright Jim Carruth 2002

Introduction copyright Ian Hunter 2002

ISBN 0-9541957-0-1

Designed, typeset and printed by Garthland Design and Print, Glasgow
Tel: 0141 445 5360

Ludovic is an imprint of
The Ludovic Press
Third Floor
65 Glassford Street
Glasgow
G1 1UB

Foreword

Poetry can take many forms and poets can be of many standards. I know many poets, spread right across the spectrum, from those who strive to master form, to those who live to perform on stage, actions and cadence perhaps more important than words. Right now, I'm lucky to know two great poets, Betty McKellar and Jim Carruth. There is a glimpse of Jim's talent here in his poem "The Clovenstone Makar", and he probably says more in his few lines than I achieve here. But this is Betty's book, and while there are few things better than Betty's poems, there is one, and that is to hear Betty read her own work. Her evocative voice, full of command, authority, even mischief. She has a voice that twinkles. All of us who are lucky enough to hear her read regularly are in awe of her, maybe even a little bit scared of her too.

We listen to hear what has switched on her talent, or what she has plugged that talent into. Very often it's topical, the stuff of today, but these poems are different. Widdershins contains some of the poems inspired by local legend, myths, events twisted by time, even family history. They are rooted in a magic corner of Renfrewshire, mostly around Lochwinnoch, some stretching up to Muirshiel Park or back towards Paisley and the terrible burning of women found guilty of witchcraft based on the testimony of a child over 300 years ago.

But there is more to these poems than mere subject matter. Scratch the surface of them and you will discover a truth, a connection between the past and the present, a record of a declining rural heritage, a discarding of nature's way, perhaps at our peril, a touchstone to another time, another language that lives in Betty, and her poems, and is passed to you, within these pages.

Ian Hunter
September 2002

About the Author

Betty McKellar was a primary school teacher in Lochwinnoch. She chose writing as a retirement hobby, greatly enjoyed it and has even enjoyed great success as a poet, winning poetry competitions and seeing her work published in Britain and America, as well as being set to music and featuring on video. Some of her work was previously published in the collection, Poetry Trails, and new poems will appear in the forthcoming Ludovic title, Things Can Only Get Bitter.

About the Artist

Gerald Gaubert artwork regularly graces the pages of leading British small press publications such as Legend, The Dream Zone, Enigmatic Tales (and Enigmatic Novellas), Peeping Tom, and Unhinged. He has previously been short-listed for the British Fantasy Society's Best Artist Award.

About the Editor

Ian Hunter has twice been a writer-in-residence and writes almost anything. His children's novel "The Dark Knight's Blade" was short-listed for the 2002 Fidler Award and his poetry has appeared in anthologies and magazines in America and Britain.

Author's Note

"Widdershins" is an old Scots word meaning "in a direction contrary to the sun's course".

We travel widdershins when we travel with the ancient Scottish magic. It leads us along shadowy pathways which are not entirely unknown, for in the heart and soul of those of us with Celtic blood or the blood of the mysterious Pictish people running in our veins, there is that strange inner knowledge of belonging in there that is part folk memory, part Celtic culture, part inherited fascination, and fearfulness for the supernatural.

I live in Renfrewshire. The poems in this book are inspired by Renfrewshire magic. My stories are based on historical fact and local superstition. I am an old-style teller of tales, a singer of songs.

When I travel widdershins I speak in the language of my ancestors which still lies in some hidden core of me, only half-forgotten.

Author's Acknowledgements

My thanks are due to Ian Hunter. He suggested this gathering together of my "magic" poems, he edited the book and introduced my work to the artist, Gerald Gaubert, who like myself has a yen for enchantment. Without Ian, "Widdershins" would not have been conceived.

The members of Johnstone Writers' Group with Paul Houghton as Writer in Residence have been a great source of encouragement, and Renfrewshire Libraries with Malcolm McNeill in charge provide a wonderful facility for aspiring writers.

Much of my inspiration comes from the beautiful Renfrewshire landscape where the Rangers and Staff of Muirshiel Regional Park aid and abet and support me.

These people are important. I thank them and dedicate my book to them all.

Editor's Acknowledgements

My thanks to Betty and Gerald, obviously, who have shown great patience in the long time from idea until fruition. Thanks also to Sarah Scott for her fast fingers in helping me put this together and Ian and David at Garthland Print for a knowledgeable and professional job.

THE CLOVENSTONE MAKAR
by Jim Carruth

From the house
on the edge

of the untamed
words will tumble

in spate
down the Calder

or rise in song
with the buzzard

on the updraft
above the Kaim

The voice
is from the ancients

Its echo
Comes off the moor

Contents

Poems

Lilly-Lowe 1

Widdershins 3

Whisperer to the Breeze 5

Thistle 7

Shoogie-Bog 8

Ballad 9

Suspended in the Dreamtime 11

Hoodies 12

Hauntins 14

Beltane 17

The New Breed 19

Storm Witch 21

The Queen o Balgreen 23

Wolf 24

Tree in the Sweet Damp Cool 27

The Black Celt 29

A Wriggle o Mist 31

Silver Slip 33

Airs of Night 35

Kelpie 37

Elf 39

The Nicht o the Witch 41

Clootie Dumplin 43

Crannog Kind 45

Cyclin on the Auld Railway Track 47

The Skeleton Deid 49

The Black Raven 51

Warlock Nicht 53

Winchin 55

Heartlands 57

Notes

Widdershins 59

Hauntins 59

Kelpie 59

Warlock Nicht 60

The Nicht o the Witch 60

Beltane 60

Wolf 61

Storm Witch 61

Ballad 61

Elf 62

A Wriggle o Mist 62

Airs of Night 63

Whisperer to the Breeze 63

The Black Celt 63

Suspended in the Dreamtime 64

The Queen o Balgreen 64

The Skeleton Deid 65

Heartlands 65

Crannog Kind 65

Silver Slip 66

Tree in the Sweet Damp Cool 66

Glossary 67

LILLY-LOWE

Lilly-lowe, Lilly-lowe
Ken ye whaur the roddens grow
Rodden rid tae gar ye warm
Ne'er a witch tae dae ye harm
Dance ye whaur the roddens blow
Sing ye low,
Sing ye low
Dream ye in their fire glow
Lilly-lowe, Lilly-lowe.

WIDDERSHINS

Plant a ring o rowan
Aroon yersel.
Walk the circle o it three times widdershins
Let the trees take ruit an grow
Until they're strang an high
As an ancient circle o the Druid stanes
Streetchin tae the sky.
Hide ahint the lacy froth o flooers
That shift like creamy veil-cloths
Driftin ower the pale face o a bride
In the springtime breezes an the rains
An dinna be seen within its simmer green
Bide warm ablow the glow o berries
Hingin roon
In a ring o ruby jewels tae croon ye
Through the days o Autumn.
Let thrushes frae the Northlands feed
Frae bluid-draps dreepin ower yer heid
Rid agin the snaws.

The witch is aye there
On a rushin jet-black mirk cloud in the air
Ridin her storm
She's mebbies no seen ye
But she's lookin roon
Willin oot her herm.
Coorie doon
Low.
Think guid thochts ablow yer canopy o berry-rid.
If the shaft o hate
Atween your een an the witch's
Jines in the fire-line
It's ower late-
She's got ye.

Notes: Page 59

WHISPERER TO THE BREEZE

They tell me there's a green man
Hiding
In the cover of the Muirshiel trees
Someone saw him
Gliding round the shafts of them
Sliding behind the trunks of them
A mysterious ghost-man
A whisperer to the breeze.

As he goes floating in the sunshine of their glades
And flitting through the dimness of their shady places
He stops to stroke the bark of them
Murmur into the dark of them
Touch finger-nails of green on the long slim arms and hands of them
And in the heart of them
There comes a surging of earth juices
And they breathe

And then the spring and summer move in billowing waves of lushness
High above him
And flowers smile up and quiver for they love him
And the grasses and the mosses and the rushes shiver pleasure and desire
"Sing !" he shouts to the blackbirds
"Sing !" to the robins and the thrushes
And birds and trees and flowers and grasses sing together
In the Green Man's choir.

Notes: Page 63

THISTLE

The auld tongue is a thistle o a leid
Scythed doon
Wi the snell blade o oor honed gentility
Until it's deid
Or pooshened
Wi pouthery squirts o snobbery
'Till it creenges doon intil itsel
Like a gairden weed
Doused wi sodium chlorate…
An it's quate.

Yet saft silk thistle-tap
Insinuates itsel intil yer heid
An sprouts
An flooers
Frae a strang root
An ripens purple on yer lips
An oozes oot
Sweet
Like blaeberry juice.

The auld tongue is a jag o folk memory
Frae ghaists o oor kind
That scattered seed
Doon a stracht line
O evergreen
Frae whaur they'd been
Tae Ayrshire an the Borders an tae Glesga
An Embro
An Aiberdeen.
It's hard tae brak.
Hear the ghaist voice o it
No juist words
That ance it spak.

SHOOGIE-BOG

The shoogie-bog's a roond o emerald shimmer
On the bleak moor
A cyclop's ee on the earth mither's face
Starin up frae the inner dark o her heart depths
Wi green sheen allure –
A sleekit place.

Yowes can be drawn in towards it
Weel-beguiled
Wi thochts o fresh sweetness
Amang heather meatiness
An tough gress.
They pay dear for their bite
Sookit by glaur an soor-like juices
An bleecht
'Til their banes are white.

BALLAD

On a gurly nicht o hurricane storm
At the stert o the War
A plane cam like a muckle gull
Blindit
Wi its hert soondin the wrang bate
Raspin an woundit
An it crasht itsel
Twixt Hill o Stake an Misty Law.

They cairrit a deid man doon the Braes
Frae oot o the wreck
An a faur-awa wumman grat 'til the end o her days
For her hert was brek
An ayeways at the August time
Whaur the plane cam doon on that nicht lang syne
Deep purple heather wad niver grow
Only bell heather
White as snaw.

An twixt Hill o Stake an Misty Law
Guess ye what the auld herd saw –
A pale wraith wumman unco braw
Wi claes as white as the swirlt snaw
An her ghaist man ris frae that dool white place
An he lookit doon on her pearlt face
An they kisst
An the auld herd telt
That they melled theirsels intil siller mist.

An noo amang the hill folk kind there's talk
That in August time when the bells o heather shiver
An a breeze sets reed gress on the moor a-quiver
A ghaist man an his pale wraith wumman
Walk

Notes: Page 61

SUSPENDED IN THE DREAMTIME

Like a heat shimmer
On a day in summer
Nothingness
Quivers palpably
Between the tumbling walls
of the neglected byres
Where myriad spires of willow-herb
Flush upwards
In rose-bay profusion
From the fallen stone.
Eerie place
Suspended in the dreamtime
Of what once has been,
Where memory is enclosed
In an intensity of vibrant space
And influences unseen
Exert a power on the senses.
I gaze,
Shivering
Aware of children's laughter
Trembling on the air
Nearly audible,
Spirits flown
Into a time zone of their own,
Free.
But then I see a presence in the ruin,
Pulsing transparency,
Photographic image indelibly fixed there.
It is my ghost
Judgemental,
Face to face with me.

Notes: Page 64

HOODIES

Daurk cam doon
In gliffs
A laigh cloud o unease
Creepin in grey
Touchin a'thing wi its lang wat fingurs.
Hoodies in black raws
Settlt on the branches o the ash
Fixin cruel een upon the fermer as he passt
An barkin lauchs
At him
Craw, craw,
Ye'll get it
Ye'll get it!
E'en the sweet roddens couldna sook in a' the ill omens
Gloom was a wecht on the air
The fermer trimmlt…

Anger daurk rid
Cramasie bluid
Het orange lowe
Trickles o sweit shining grey wi the shame
Fear
In flichterin yallow flame,
An smoochterin ower a'thing there
A shroud
Tae make ye boke wi the stink o it –
The black reek o despair.

They brunt the yowes on a muckle tandle
Ablow the Braes
On the Beltane Nicht,
Bloatit bellies o them
An their puir deid shanks
Pintin tae the lift
Like bare-nakit Jews
Shovelt intil a coup
At Belsen.

Six generations o the breed o shepherd men
Had fermed the Moor
Sheep in the bluid o them.
The day they fund yowes
Clappit tae the grund
Wi blisters in their clits
An blisters at their lips
A grown man grat.
His time
An the time o a' his kind
Was gaen.

But laun mends itsel.
When the last flame flichtert intil the mirk
An the foul smell smoort itsel in the perfume o the bloom o may
Day cam
Tentily.

Laverocks trillt music tae the hert-beat o the lift
The mavis an the blackie on the ash jined in the lilt
Whaups garglt descants.

It was spring…

HAUNTINS

There was a hauntin tae the cottage.
Auld Grizel kent
There was a ghaist-hoose
Happit like a shroud
Aroon the beild wa's
O her ain wee boorach
Haudin her in.

Whiles in the gairden
When she gaithert herbs
An her airms were fu' o green
She'd draw her breith
As sunrays slantit ower the theekit roof at gloamin time
An she'd see
a flichterin
O wa's sherp white
An slates abune,
An in ahint a sunbeam
was a wummin in man's claes
Gae'in in.

Grizel telt the village folk
What she had seen
When they cam beggin for her phisiks
For their ills
Her featherfooly tea for bairns wi fever
Spiderweb paste tae stap up wounds
Lungwort biled doon in watter for their coughs
Broth for the wastin
Vomiters an saut drinks
Tae brak win',
The villagers were aye in need o cures
An when they cam
They listened tae her tales o ghaists
An askit God for savin grace
An shivert in their dreid an pleesure
An lookt for speerits a' aroon…

But then wee Mirren dee'd
An her mither in her fits o grievin
Spak the word "witch"
an hinted pooshen
An folk got feart
An turnt auld Grizel oot tae walk the roads
An dee hersel o fricht an wae an cauld
In a drift o saft snaw
No five mile frae her ain front door
Then they brunt her boorach doon
They say the flames that streekit frae it
Gaein stracht up tae the lift
Were extraordinar blae
Like siller sword blades glistenin
Weird an fey…

There is a hauntin tae the cottage
The lady when she bocht it
Was telt that it was the biggit on an aulder ruin
1808 is chippit oot the lintel stane
An the snod white-paintit wa's
No lang restored
An her plant containers
Fu' o gairden-centre bloom
Aroon the doors
Niver shrug aff for her
An unco aura,
An antiquity,
Whiles a trimmlin o the air in ilka room.
An whiles in the open
A blae licht thraws up sheddo flame agin sterk white
An there's the glimpse o a boorach, burnin
Reflectit in the sparklt gless
O window panes
An ayeways there's a an eerie kennin in the nicht
o somewhere that is gaen.
But in simmer
Through the purple o the twilicht oor
A sillerie auld wumman can be seen
Glidin asklent the hindmaist sunbeam
Cairryin flooers.   *Notes: Page 59*

BELTANE

Sun tae shine
Rain tae fa'
Sweet milk tae the kine
Sweet juice frae the groon
Bellies o the yowes swall roon
Wi fat lamb
An in the wimmen's wombs –
Banes o the sons o men
Wax strang

On Beltane Nicht
The paintit men daunced jorums
Roon the flame
At the Tandle Muir,
Nakit men
Loupin an twistlin
Bodies sheenin wat frae sliddert sweit
They whirlt the dreepin barrels o the bleezin taur
Heich
Heich
Abune their heids
An hurlt them on the flame
Tae set the bricht sperks
O fire – rain
Like shooers o rid wheat
Swirlin aboot their hair
An hooed an keened
An chantit ferly music tae daurk gods
O fire an air
Tae gie the earth
Its fruit…

Notes: Page 60

THE NEW BREED

May day dawns.
Men are dancing round the fires of Beltane rite.
The Tandlemuir is alight.
Burnt-out cars smoulder in its lay-byes,
Sculpted charcoal
Among the brittle skeletons of black May thorn.
Blind men lit them,
Mad drivers of the night.
From their unseeing eye
They watch the flames leap high -
Desecrators of morning.

STORM WITCH

Ae nicht the Storm Witch flew
Abune the trees at Conveth.
She pickt them oot
An workit up hersel intil a rage
An took her spite oot sair
Agin the muckle sycamores an beeches an the ash.
She whippit them aboot
An stung them wi her lash
An wrenched aff airms
An bokit gales o fury
Until the trees bent low afore her
Groanin agony.
She showed nae mercy til them
Liftin oot an axe
Tae brak the backs o them
So that they lay like great deid warriors ablow.

When she had dune wi them
An turnt aboot
She spied the striplin pine tree on its lane
Quakin
An screamed at it
"Ye're easy pickins"
An blew sic an almighty blast o air
Agin its stem
It gied but ae last moan
An shuddert
An relaxt its grip o earth
An laid its puir heid doon upon the flair.

An as the Witch skirlt aff
Tae cairry oot mair mayhem
She shriekit oot her eldritch witch's lauch
An cried
"That'll larn them."

Notes: Page 61

THE QUEEN O BALGREEN

The yallow yorlin flits atween the hawthorn an the telegraph wires
Aroon the corner at Balgreen -
The ae place it's seen on the road tae Muirshiel.
"Deil deil deil tak ye," it cries
Singing its hert oot like a laverock
Tae the skies
A bricht burd-jewel
Amang the broon dunnocks an the hen chaffinches
An the common speugs
An starlins.

It's near a hunner year
Since Annie Orr was bidin there -
Rosy as the bloom o aipple-blossom on spring trees
Sweet an clean as linen claes hung oot tae dry in a sooth breeze -
Feedin her hens
Amang the thorn an broom
on the Balgreen braes.
"The Queen" they ca'ed her
For she was beautiful
A yorlin.

She mairrit
Became a fermer's wife
Lived a life elsewhere.
Only the memory o her beauty lingert aboot the place
An made a legend o her

But ance afore she dee'd she traivelled back
Tae her auld haunts.
That day there were whisperins like invisible albino bats
On Balgreen air.
Radar.
"She's here, she's here, she's here."
Yorlins flickert roon her
In a gowden licht
She smiled the rare sweet smile
Contentit.
The spirit o her had aye been
At Balgreen
Whaur she was Queen.

Notes: Page 64

WOLF

They telt me that there was a killer dug
oot on the moor

I walkit ower the braes
An fun' him
Heich up on a knowe
Watchfu'
Frozened as a statue carvit oot o stane
I lookit at him
een tae een

It was a wolf
That lookit back at me
In an instant I was taen
Intil that faur-away countrie
The lang-syne Caledon
Primeval
Free.

I crooned words tae him
Quate, saft soonds
For I am sleekit like my kind
He drew in tae me
Slinkin
But there was a gentleness atween us
For a' the bluid that dreepit frae his lips.
I led him on wi guile
Frae my saft-speak
An he gaed wi me
Trustin ma kennin.......
But when the men cam
He was gliffed
An ran.

The shot dirled in my lugs
It pirled an girned ower fern an heather
I was a stookie
Seein a'thing in a langsome draigle.

My wolf yowled as he was stang wi leid
He loupit in the air
An twissled hissel
Tae stare stracht tae my hert
Frae doon ablow my feet.

The toom een keened their chaw
Trust was brak
I was back inside the day.

I grat as he sprauched, twitchin
Aside the still yowe wi her torn thrapple
The hert doon in me was a heavy wecht frae dool
We'd stalked him tae the deith
For the bluid aroon his lips
An for a hapless yowe that gawkit
Blin'
up til the lift.
But in the feydom o an ancient time
I'd lookit in a wild wolf's depth
An kent nae crime

Notes: Page 61

TREE IN THE SWEET DAMP COOL

Efter the burnin
On the road back hame frae Paisley
The laddie haunled the reekin stick
Gingerly
Atween his thumb an fingur.
It felt hot
But his hert was cauld inside him
As a pool o gless-green
Frae what he'd seen.

He took the stick tae dool shadow
In the wild-wood groon
Ahint the cabbage patch,
Lookit at it through a lang breith
Then thrust it deep intil the earth
Ablow rank grass
Wi purple fox-gloved spears tae guard it
In the sweet damp cool.

An frae the charcoal wound
In the roon shaft o't
A branch grew like a slender airm
Wi tender twiglet fingurs streetchin oot,
An ayeways in the spring
The curlin yallow catkins o the hazel
Wad hing frae it
An shake an toss in the saft air
Like gowden ringlets o a lassie's hair-
An the laddie's een wad stare at the hazel tree......
But there was nocht tae see
For she wadna come til him
In the sun's licht.

Yet she was there
Ahint the edge o thocht,
An whiles

Wafted on the dark airs o his sleep
She'd slip intil him in the nicht
On the mirk cloud
O a nightmare
Yellow hair wind-drifted abune her heid
Fire-lustred een fear-stricken
Lookin straicht at him
Slim flames lickin
Aroon the airm reacht oot towards him
Like a prayer

The witch.
He daurna be touchit.
But it was aye the same.
Time an again
He'd ward her aff him wi his hazel-cane
An the shock o her fingur on it
Wad trimmle alang the wand
Tae bond him tae her in an agony o licht
Afore he lurchit back frae her
Intil the blackness
Oot o her sicht.

When the man awakened
He had mind
O rid fire-heat.......
An he wad greet.

Notes: Page 66

THE BLACK CELT

Yer hame is the emptiness
O moor lek
A whustle o wind-seughins
Through heather an reed-grass
Maks music for ye-
Hauntin airs
That gar ye dance
Yer stately rondo "Dance o the Blackcock Lords"
Tae the blackcock gods.
Ye're Nature's warlocks
Dark an secret
As the auld-day Faerie-folk.
Ye're a' primeval force
An magical shadow-melt.
Ye're mystery
Ye're the Black Celt

Notes: Page 63

A WRIGGLE O MIST

An auld grey wumman comes oot o the wa
When the grandfaither clock strikes three;
An she waves til the bairnies that play on the stair;
An her grey een smile ablow grey silk hair –
But the bairnies wave back til a shiver o air
Frae the landing high up on the wooden stair
For she melts hersel doon tae a saft grey wisp
An gangs back in the wa' like a wriggle o mist
In the blink o a bairnie's ee.

Notes: Page 62

SILVER SLIP

At the ancient village graveyaird
In ablow Auld Simon's ploo
When the wind has the seugh o a hauntin
In the deep, black hert o the yew
An the trees' witch-fingurs pointin high
Accuse the storm-dreept moon
An the airms o branches sway their blackness
Unner the gloamin-gloom,
A puir bit slip o a lassie aglint wi a ghaistly licht
Glides white an saft as a barn-houlet
In the hedgeraws o the nicht.

It doesna say on her gravestane
If her skin was white as milk
But o I wot that she was braw
As a white rose unner the birk
It doesna say there were fresh fresh flooers
Tied intil her braided hair,
Or that the shilpit craitur was gracefu-like an fair,
But I wot that she was lichtsome
As a white doe on the green
Wi a a shimmer o brichtness aboot her
A pale star asheen
Lassies are unco bonny
When they are but nineteen.

Gurly ran the Calder burn
Wi a banshee moan o soond
A wolf howled in the storm-winds
Rain-streaks whippt the groond
The very air was a maelstraem
On the nicht that she was drooned
But she rode towards Lochwinnoch as gentle as a dove
Her hert was blythe wi gledness, she wad dance tae her true love.
The Calder River cam chairgin doon on a swoop o pitiless grey,
Its floods raised up their wet wet airms

An cairrit her away.
O the greetin an the wailin in the hert o the yew.
A lover wept his sair saut tears for waesomeness an rue.

When there's whisperin in the branches
Wind-seughins frae above
The silvery slip o a lassie dances
For her sad lost love.
She glides like a lanesome houlet aglint wi a pearled licht
Saft-fingured as a moonbeam-touch
In the hedgeraws o the nicht.

Notes: Page 66

AIRS OF NIGHT

She glides
In silent flight
On silver wings,
Lady of moon-shimmerings
White
A-glimmer with pearl light,
Her veils of chiffon grey
Trailing the hedgerows of receding day.

Indeterminate wraith
Wisp of a whisper
Hiding in purple shade,
Huntress flying fast
Sliding down moonbeam shafts
To plunge
In the pools of dark.

Silver voles
Shiver
And dart for their black holes
As the lady in white
Quivers above them on the airs of night,
Phosphorescent ghost
Quiet as a dream
Floating and drifting
On hedge moon-glistered
To a rippled stream.

Come dawn
She lays herself to rest
On morning's arm
And is borne
Softly
To the cavern
Of our Conveth Barn.

Sleep quiet
Princess of the night.
We hold our breaths
And watch for you
With hushed delight.

Notes: Page 63

KELPIE

Whiles a muckle horse comes oot the watter
O the Semple Loch
A braw beast
White as the snaw on a winter's mornin.
It hauds its heid
So that its mane trails oot ahint
Like siller threid
An its tail is a wisp o the siller mist.
But its een are gless jewels
Green
Cauld as ice pools
An deep deep.

Lassies wi gouden hair like silk an skin like milk
Tak care
For fear yer een might meet.
There's kelpie magic there
Bide wi yer feet on the guid earth
Or he'll cairry ye tae a faur countrie
Whaur the air hangs heavy-scented
As a drug tae mak ye sleep........
An he'll gar ye greet
He'll gar ye greet.

Notes: Page 59

ELF

Elfin craitur wi faerie een
Gless green
Like watter in a secret pool
Iona cool
Magic een
Sun sparklt
For her dolphin dream
O whirlpool dauncin
Prancin
Astride white sea-horses
On a wave
Away way
Intil the spray
Cryin tae the mermaids
In their aquamarine cave
Tae play
Tae bring their pearls
An pin them in her elfin curls
An turn her tae mermaid girl
For a dolphin day.

Hear her elf lauchter
Sharp on the air
Tinkling
Like when sanderling
Dart abune the bay
She's a siller skelf
Glintin
A shimmer o green
An elfin craitur wi a dolphin dream.

Notes: Page 62

THE NICHT O THE WITCH

A wee bit beild o a hoose lay by the watter
In a bay o the Semple Loch
Coorit doon amang the birk tree ruits
Like a contentit bairn
Huggit intil the cruik o its mither's airm

But when the mune shone oot
A siller path o licht
Hung on the dark watter
Makin a brig
Atween the hoose wi the thackit roof
An the high Peel Tow'r
Blackened wi the ivy-flow'r
Gloomin at it frae the faur side.

On the nicht o Hallowe'en
A turned-up bowl o a boat
Wi roon holes in its skin
Bobbit ower the siller path
In the licht o the mune.

A wumman sat in it
Bare nakit
Gleamin like the cannle wax
A yallow flame o hair abune.
O she was braw
Her breists like the haufs o a roon aipple,
Soople an a
An strang.
She garred the boat gang fast towards the Peel
By dicht o a brume besom
Unner her oxters.
Lord Ringan was waitin on a stane
His een glintin
Like a hungry raven's
He streekit oot his hauns frae the wing o his cape
An pu'ed her in.

On the ither side a houlet screiched.
The gude-man in his sleep
Reached oot tae feel his wife's saft breist,
An touched the brittle twig o broom.

Notes: Page 60

CLOOTIE DUMPLIN

Granny doesna hae tae look
For a recipe in a cookery book
She kens it in her heid –
Sultanas
Raisins
A taet o spice
Sugar an treckle tae mak it nice
A daud o butter tae mix it up
Plenty o flour frae a muckle white cup –
"There's a wheen o weans tae feed" –
A handfu' o currans, nutmeg an a'
An orange carrot grated raw,
Whirl it roon wi cauld broon tea
"Stick in yer fingur juist tae see
A taste for you an a taste for me"
Dinna forget Atora suet
Eggs an milk tae put richt through it
"Trust auld Granny
She can do it!"
Stir in magic wi a wooden spoon
Ance
An twice
An three times roond
Charms for the weans when they're eatin it later
Wrap up magic in greaseproof paper –
A siller ring an ye'll be mairrit
Wi a satin dress an a horse an cairriage
A cheeny doll? – ye'll hae a bairn
Tae haud ticht in at the crook o yer airm,
A threepenny bit'll gie ye money
Tae live yer life in milk an honey
But a linen button spit oot on the flair
Or ye'll be an auld maid forever mair.

Bubble an bile in a clean white cloth
Bubble an bile in a thick black pot
Watter hotterin Granny mutterin
Weans a' yatterin cutlery clatterin,
Bubble an bile on the rid fire flame
Bubble an bile through the childhood dream
Bubble an bile 'til it's firm an hot –
An a clootie dumplin is what ye've got.

CRANNOG KIND

Sloe is the fruit of northern Celtic nights
Blue-purple dark
Born of twilight
With moonglow set within
Lustrous
Like the bloom-touch on a black girl's skin.

Witch women of the crannog kind
With ancient skills
Gathered the sloe from deep primeval thickets by
our burns and pools
And pierced it to the heart
To let its mysterious juices flow and merge
With extracts from the berry of the juniper,
And scented herbs
And syrup of wild honey, sticky sweet
And water dew-distilled.

With their secret arts
They warmed and stirred their brew, and strained it,
Whispered
Their incantations over it, waved their arms,
Sang the witching spell
Low and melancholy,
And slowly altered it
To a smooth liqueur
Tasting of languorous delight.

And when we sip sloe gin on winter nights
And the fire-flames blaze in their hypnotic brightness
Witchery enchants the senses still
Red blood in our veins is gliding silk.
It carries us down the aeons of the years
On a drowsy river of our own contentment
Lost in time,
Then
We are of the crannog kind again.   *Notes: Page 65*

CYCLIN ON THE AULD RAILWAY TRACK

Air gaes seughin doon the cycle track
Like breathin frae ghaists
Wraiths
Slidin past yer cheek wi a cauld kiss
Or rushin wi a speed
That beats the bluid tae bubbles inside yer heid
Wi the excitement.

Haud in a meenit
Frae yer racin
Close yer een
Wish
Wish ye could see them
Swishin by
Shadows frae lang syne
Still glidin through time
Hidin in licht,
Movement-memory
Caught up in air-radar frae the sky
Monks frae the Collegiate
Treadin a steady gait,
Semples gallopin on horse-rhythms,
Bairns wi skates
Rinnin
Tae glide an slide on the frozen watters
In winters lang past,
A witch fleein fast
On a hauntin,
Trains jauntin through a hunner year o steam
A' lurkin in a dream
Swirlin alang the way they ance gaed.
Some day
Cyclist-ghaists
Whirrin on their twa-wheeled mountain-bikes
Will join them.

THE SKELETON DEID

I'd walkit ma dug at the Hill o the Yews
Monies a time afore that nicht
But I'd never gaen
At the auld Beltane
When ghouls were glidin
An ghaisties cam oot o their hidin
An it seemed that a' the guid folk o Lochwinnoch were bidin
At hame.

We were alane on the hillock ablow the yew circle
An the bluebells were bloomin there as blue as the sea
But richt at the tap an unner the branches the shadows were swayin
An daylicht went cauld an dark in an eerie grayin
An it lookit like a' the Lochwinnoch witches were playin
Wi Ringan the warlock
An panic stappit ma hert in a single lang beat
An ma wee dug yelpt
An his hair bristled up on the tap o his heid
An we ran like as if we were chased by the skeleton deid
Doon the hill path..........
An we never lookt back !

Notes: Page 65

THE BLACK RAVEN

Whiles a muckle raven seeks ye oot
An comes at ye frae the fog
An lands on yer shouther
Claspin ye ticht ablow its claws.
There's nae escapin, nae shakin it
It hauds on
Sair
A wecht
Pressin doon tae the hurtin quick
A pain
Stoonin through the ootside o yer skin
Reachin deep in.
Ye sag unner it.
The soond o its croakin
Dirls aroon dreich inside yer heid
An it pecks an pecks at the saft centre pairt o ye
Wi its raven beak
So that ye bleed
An afore yer een
The wings o't streetch on a shadow
An blin ye tae the licht.
Until it lifts itsel an flees away
A' the oors o day
Are a dark nicht.

WARLOCK NICHT

You bide in the hoose this Halloween, ma lassie
Dinna be seen
In the Semple groun
When Lord Ringan's hame
On sic a nicht as this he'll mebbies fly.
If ye gang near the Castle Woods
He'll come doon at ye oot o the sky
Like a great hoodie craw
Wi claw fingurs.
God help ye wi' yer braw white skin
An' yer thin bit waist
An' yer hair a' siller ashes shimmerin' like a croon
An' yer roon little breists.
Ye're a sweet grozet yallow for the tastin
An he'll no miss ye
He'll pu ye in tae his black black cape
Like a spider sookin' a fly.
Come next July
It'll no be juist you yoursel.
There'll be a black-heided wean
Wi' a glowerin warlock look tae his een
Forbye.
So you hide in the hoose, lassie
This Halloween.

Notes: Page 60

WINCHIN

In the daurk
When munebeams trickle
Atwixt twig fingurs
On the dreept-doon airms
O the birks
An the caur-park groon gets fluded in liquid siller
An turns itsel
Intil a Faerie Lochan
Lapped wi mistit silk
Lovers come
An switch aff ingines
An caur lichts
An draw in close thegither
Kiss
An touch
An quiver
An moan pleesures
Ane til t'ither
An taste the ferlie magic o the nicht

HEARTLANDS

Parkhill Woods hold secrets to their heart
Behind translucent landscape skin.
Sometimes before the darkening of day
In an eerie play of light
The golden finger of a solitary sunbeam shaft
Can throw up shadows of the people who have been
A living part of them
Silver silhouettes against the green
Of poplar, hawthorn and ash
And the slender birch,
Ghosts adrift
Like grey chiffon
Floating in the wisps of twilight
Moving through beloved woodland spaces
Around the Semple Castle –
Semple kind, drawn back.

And sometimes
Faintly seen
Through dusk's pearl dreaming
The pale ghost of a stag
With metal antlers gleaming
Leaps silently
Ahead of twin white hounds
Over the hill's brow
And the far-off sound of hunting horns
Like music from the magic elf-land places
Echoes from well-tended lawns
That once grew lush
Around the Castle of the Semples
And the banner flies again

But plant the bright red broom
Above the Semple grotto
Damp and cool now with its cushions of green velvet moss
Colour it rosy
As firelight on a night of January frost
And the cold wraiths evaporate
To hot blood
Flowing through the living Semple veins
The Baron will home to his heartlands
Materialised from the ancestral seed
The Semple breed
A legacy of ghosts

Notes: Page 65

Widdershins

It is said that witches hate the rowan tree. A Scottish custom is to plant a rowan or mountain ash at the door in order to keep witches and evil spirits from entering in.

Hauntins

The date 1808 is indeed carved out of stone on the club skew of "Clovenstone" the cottage where I live, and Clovenstone is mentioned in even earlier maps of old Renfrewshire, so there had been an earlier dwelling house on the site.

From such information comes the seed of a story...

Kelpie

Children from Lochwinnoch village used to be warned to keep away from any white horse that might come out of Castle Semple Loch. There was an old superstition quoted in the S.W.R.I. "History of Lochwinnoch" that if a girl jumped on the back of such a horse she would be carried away into the depths of the water forever. Margaret Dolan, a native of the village, remembers looking out for such white horses when she was a child after being told the story by her grandfather.

It is a local version of the old Scottish "Kelpie" legend.

Warlock Nicht

Robert, the "Great Lord Semple" who flourished between the years 1547 – 1572, built a small tower called the Peel of Castle Semple on an islet in the middle of the loch. It was used for the pleasure of the family in their leisure pursuits of boating and fishing. In the early eighteenth century, however, Lord Ringan Semple lived there. He was said to be a warlock, and probably gave the name Warlock Gates to the back exit from the estate.

N.B. Peel was spelt "Peil" in some of the historical books on the subject.

Nicht o the Witch

On certain nights, according to local legend, Lochwinnoch witches would sail over the Loch to the Peel Tower in a sieve, using an oar of broom, and leaving a "broom besom" lying in their place in the bed at home.

Beltane

Tandles are bonfires

I don't know when the first fire was lit on the Tandlemuir, but I like to imagine the moor alight with Beltane flame in the time of the Bronze Age settlers. Perhaps these men did climb up to it from a crannog village by the loch to carry out their Druidical rites.

The name is certainly evocative of such an era.

Wolf

A beautiful German shepherd dog went on a killing rampage among our ewes before lambing time. The poem is a very personal factual account of what happened, but its ending is fictional. The animal was not shot. Its owners had it put to sleep humanely by a vet.

The incident saddened all of us. The dog was a noble-looking creature, highly pedigreed and well-loved as a pet. It seemed unfair that it had to pay the ultimate penalty for doing something that came naturally to it, but the ewes had twin lambs in their bellies and were cruelly torn and savaged. It had acquired a taste for killing which would never have left it.

Storm Witch

Many of the mature beech trees at "Conveth" were laid low in the winter hurricane of 1999.

We also lost the Scots pine that my son had brought back as a seedling from a school trip to a tree nursery in the year 1973. (Plant a tree in '73 year.) It had reached the height of the house, and we mourned its premature demise.

Ballad

There is an area in the hills above Muirshiel that is known as Renfrewshire's Bermuda Triangle. During the war there were several unexplained aeroplane crashes there.

My husband was guide in the Homeguard at that time and he was involved in retrieving the dead bodies of the pilots.

He says that the crash which I refer to in the poem had strange repercussions. For years afterwards only white heather grew in a circle where the earth had been scorched.

One day, too, on the moor nearby, a white pony and trap appeared as though from nowhere. It was driven by a strange young woman asking to be directed to where the plane had come down. He showed her the way, expecting to see her return by the same route, but he never set eyes on her again.

ELF

This was a class exercise set by our Writer-in-residence at Johnstone Writers' Group. It was to be a story of 101 words. Count the hyphenated sea-horses as one word and the poem adds up to exactly that.

It was inspired by a green-eyed granddaughter who loves dolphins and who lived in "Conveth" until she was eight. It will remind her of holidays spent on Iona.

A Wriggle o Mist

Chloe and Caitlin, two more elfin girls who live in one of the Newton of Barr cottages, both saw an old grey lady materialising from the wall of the downstairs room when they were very small.

She disappeared into a wriggle of mist on the opposite wall of the room, apparently smiling and benign.

Airs of Night

The beautiful white barn own roosts in the Conveth barn during the winter months. He found an empty tea-chest high in the rafters just to his liking and we hope he returns there again and again.

A most welcome lodger !

Whisperer to the Breeze

The Green Man was an ancient spirit of the woods. I wrote the poem for Peter Hague, one of the Muirshiel Rangers who was to give a lecture on the subject. At the time it was written the Ranger uniforms were green, and their sympathy and instinctive feel for the natural beauty of the area made them the modern equivalent of the Green Man of antiquity. The Regional Park is fortunate to have a group of such dedicated nature-lovers in charge.

The Black Celt

There was always a vigorous lek of black grouse above Heathfield when we lived there. The magnificent blackcocks performed their stately mating display early in spring mornings while the less spectacular greyhen observed them from a coy distance.

Their numbers are sadly depleted and the R.S.P.B. are worried about their future. We are planting little areas of corn on the moor to entice them and support them in the winter months.

Suspended in the Dreamtime

"Heathfield" lies within the environs of the Clyde Muirshiel Regional Park. In 1956 I came to "Heathfield" as a young bride, wife to Quintin McKellar, the tenant sheep farmer there. We lived in the farmhouse for fifteen years and our children were born there. When we bought the adjoining farm, "Lands of Conveth", further down the glen at the Tandlemuir, we moved to the house there. That gave the Region the excuse to bulldoze "Heathfield" because at the time they had plans to build a dam in our valley, plans which were eventually scrapped.

I am always filled with sadness when I see the ruins of our old home, and have the uneasy feeling that the ghosts of our young selves linger about the emptiness of the place.

I reckon, too, that our protestations against this form of bureaucratic vandalism should have been more vociferous.

The Queen o Balgreen

The Orrs of Balgreen were a well-known Lochwinnoch family, all renowned for their good looks.

The Annie Orr of this poem seems to have been a stunningly beautiful woman in her youth, which accounts for the fact that she became a local legend in spite of leaving the place when she was quite young.

Her niece Rosemary lives in the village and nephews Edward and Norman (all brought up in Balgreen) are in New Zealand and Australia respectively. Edward has visited several times on various pilgrimages home from New Zealand. Norman wrote an account of his boyhood in this district.

The Skeleton Deid

On the summit of an overgrown mound in the Parkhill Woods there grows a circle of seven ancient yew trees. Nothing flourishes under their branches, for no sun rays penetrate their darkness. They are a mystery. No-one knows whether they just grew or whether they were deliberately planted. They form an eerie, barren shadow of a place in the midst of lush vegetation.

Heartlands

The poem was written for Len Howcutt, a ranger who has a particular interest in the history of the Semple family. It was read out at a Semple Clan Gathering.

The Semple banner depicts twin white hounds, a stag, hunting horns and the motto "Keep Tryst".

Red broom is the flower of the Semples.

Crannog Kind

Kelvingrove Museum in Glasgow displays one of Scotland's finest Bronze-age hoards, discovered at Gavilmoss Farm just beyond Lochwinnoch village above the Barr Loch. Ancient dug-out canoes have been unearthed from the marshlands during draining work, and I've been told that there was evidence of crannog dwellings towards the Kilbirnie end of the loch. All this would indicate that our loch and its environs were much favoured by Bronze-age people and I like to imagine how they lived and some of their activities.

Silver Slip

Mary Caldwell of Lochside was on her way to a ball in Lochwinnoch on an evening in November 1767. The weather was bad and the river in spate. When her horse stumbled on the flimsy Loch bridge she was thrown into the water and swept away before the very eyes of her mother, brother and fiancé who were unable to save her. She was just nineteen, and was buried in the cemetery at Auld Simon where her gravestone can still be seen.

Tree in the Sweet Damp Cool

The poem is based on two separate Renfrewshire witch legends both related to the burning of the seven witches at Paisley in 1697 following charges of witchcraft made against them by eleven year old Christian Shaw of Bargarran. Apparently the leg of one of the witches slipped outwith the fire and was pushed back in by a spectator with a stick who afterwards was heard to declare, "I'll take no stick home with me that has touched a witch."

The other story concerns Robert Semple of Beltrees, born 1687, who was aged ten at the time of the executions. He was determined to see the burnings in spite of having his shoes hidden from him by his parents who thought that he shouldn't be allowed to witness such a gruesome event. He walked barefoot from his aunt's house at Pollok, and was indeed very deeply affected by what he saw, remembering the horror throughout all of his life. (He might just have picked up the stick and brought it home to Beltrees.)

A horseshoe set in the ground in Paisley's George Street still commemorates the place of execution.

GLOSSARY

A

ablow .... below
abune .... above
ae .... one
afore .... before
agin .... against
ahint .... behind
airm .... arm
aroon .... around
asheen .... ashine
atween .... between
aye .... always
ayeways .... always

B

bairn .... child
besom .... brush; broom
bide .... stay; dwell; live
bield .... shelter; home
bluid-draps .... blood-drops
boakit .... retched
bobbit .... bobbed
brak .... broken, broke
braw...................... handsome
breists .... breasts
brig .... bridge

C

cairrit .... carried
cannel-wax .... candle-wax
cauld .... cold
chaw .... reprimand, reproach
coorie .... crouch; cower
craitur .... creature

crannog .... ancient Scottish loch dwelling, built on sticks over the water
croon .... crown
cruik .... crook; bend

D

daurna .... dare not
deid .... dead
dicht; by dicht o .... by the handling of
dinna .... do not
dirled .... vibrated, reverberated
dool .... mournful
doon .... down
draigle .... slow, weary movement
dreepin .... dripping
drooned .... drowned
dune .... done

E

ee .... eye
een .... eyes
efter .... after
eldritch .... unearthly; ghostly; uncanny

F

faur .... far
flair .... floor
flooers .... flowers

forbye .... besides; in addition to
frae .... from
frichtit .... frightened

G

gang .... go
gar .... make; cause
gawkit .... stared vacantly
ghaistly .... ghostly
gied .... gave
girned .... whined
gledness .... gladness
gless-green .... glass-green
gliffed .... startled
gowden .... golden
grat .... wept
greet .... cry; weep
grozet .... gooseberry
gude-man .... husband; master of
                                 the house
guid .... good
gurly .... threatening to be stormy

H

hame .... home
haud .... hold
haufs .... halves
haunled .... handled
heich .... high
heid .... head
hert .... heart
hing .... hang
hoodie-craw .... hooded crow
hoose .... house
houlet .... owl
hunkers .... squatting on the haunches
                                 with hams close to heels

I

intil .... into
ither .... other

J

jines .... joins
juist .... just

K

Keened .... wailed
kelpie .... river horse
ken .... know

L

lanesome .... lonely
lang-syne .... long ago
lek .... a communal display
                                 ground where
                                 blackcocks carry out
                                 their remarkable
                                 courtship ceremonies
licht .... light
lichtsome .... nimble; light in colour
loupit .... leapt

M

makin .... making
mebbies .... perhaps; maybe
mirk .... dark; murky
mither .... mother
muckle .... large
mune .... moon

N

nicht .... night
nocht .... nothing

O

oot .... out
ower .... over
ower late .... too late
oxter .... armpit

P

pintit .... pointed
pirled .... whirled
ploo .... plough
pu'ed .... pulled
puir .... poor

R

reekin .... smoking
rid .... red
roon .... round
rue .... regret
ruit .... root

S

saft .... soft
sair .... sad; sorrowful; sore
saut .... salt
screiched .... screeched
seugh .... sigh; rushing sound like
   that of the wind

shilpit .... pale and weak
sic .... such
siller .... silver
simmer................... summer
skimmer................ flickering rays
   of light
skirl....................... scream
slip .... a delicate,
   slender
   person
snaws .... snows
sookin .... sucking
soople .... supple
sprauched.............. sprawled
stanes .... stones
stith .... stiff in death
stookie .... standing as if
   incapable of
   stirring
straicht.................. straight
strang..................... strong
streekit .... stretched
streetchin .... stretching

T

thackit .... thatched
thocht .... thought
thrapple .... neck; windpipe
threid .... thread
til........................... to
toom .... empty
touchit .... touched
trimmle .... tremble
twissled .... twisted
twixt .... between

U

unco	extremely
unner	under

W

wa	wall
wad	would
waesomeness	sadness
wean	child
whiles	sometimes
widdershins	in a direction contrary to the sun's course
wot	know
wumman	woman

Y

yallow	yellow
ye	you
yorlin	yellowhammer